楽しみながら心と体をきたえる

カッコよく走ろう！

BMXレース

ベースボール・マガジン社／編集

渡辺浩嗣（一般社団法人 全日本BMX連盟代表理事）／監修

ベースボール・マガジン社

楽しみながら成長できる！

はじめに

BMXは、普段乗っている自転車とは違う、競技用の自転車です。軽くてスピードを出せるBMXに乗り、土でできたコースでスピードを競うBMXレースは、スリル満点で奥深いスポーツといえます。ジャンプが決まったときや、誰よりも先にゴールしたときは、とても大きな達成感を味わえます。この本では、「BMXに乗ってみたい!」「レースに出てみたい!」という皆さんのために、練習方法やレースで勝つためのコツを紹介しています。基礎から順番にマスターして、BMXレースを楽しんでください。

 もくじ

はじめに ……………………………………… 6
本書（ほんしょ）の使（つか）い方（かた） ……………………………… 10

Part 1 BMXレースってどういうもの？

BMXレースのいいところ ……… 12
一般（いっぱん）の自転車（じてんしゃ）とBMXの違（ちが）い … 14
BMXはこんなスポーツ ……… 16
どんなコースを走（はし）るの？ ……… 18

振（ふ）り返（かえ）り 宝探（たからさが）しアドベンチャー1 …………………………… 20
◉コラム「BMXフリースタイル」 …………………………… 22

Part 2 BMXに乗（の）る前（まえ）に

BMXの選（えら）び方（かた） ……………… 24
BMXの各部名称（かくぶめいしょう） …………… 26
点検（てんけん）のやり方（かた） ………………… 28
メンテナンスのやり方（かた） ……… 30
必要（ひつよう）なもの ……………………… 32

振（ふ）り返（かえ）り 宝探（たからさが）しアドベンチャー2 …………………………… 34
◉コラム「好（この）みに合（あ）わせてカスタマイズ」 ……………… 36

Part 3 BMXに乗ってみよう!

- 運動前後のストレッチ …… 38
- 基本のライディングフォーム …… 42
- バイク上での重心移動 …… 48
- スラローム …… 52
- 平地でのコーナリング …… 56
- マニュアル …… 58
- リアホイールリフト …… 62
- ホッピング …… 64
- バニーホップ …… 66
- コースに行けないときの練習 …… 70

- 振り返り 宝探しアドベンチャー3 …… 72
- ◎コラム「コースメンテナンスは全員で!」 …… 74

Part 4 コースでのライディング

- スタートフォーム …… 76
- スタートゲート …… 78
- ベタナメ …… 80
- パンプ …… 82
- ピックアップ …… 86
- ロール …… 90
- ジャンプ …… 94
- バームでのコーナリング …… 98
- コブでのペダリング …… 102
- レースを想定した練習 …… 104

- 振り返り 宝探しアドベンチャー4 …… 106
- ◎コラム「コースのルールを守りましょう」 …… 108

Part 5 レースに出てみよう!

- レースに参加するためには? … 110
- レース会場での楽しみ方 …… 112
- レース場の紹介 …… 114

- 監修者とモデルの紹介 …… 124
- おわりに …… 125
- 五十音順さくいん …… 126

本書の使い方

この本では、BMXレースをやりたい！という人のために、必要な準備や基本の乗り方、レースの楽しみ方などを紹介している。写真や解説を見ながら、一つひとつ順番にマスターしていこう。項目ごとのポイントもチェックしてね。

テーマ
技の名前や覚えたい内容が書いてある。

タイトル
テーマを習得するためのポイントや動きのコツがそのページのタイトルになっている。

ポイントの解説
練習やレースで役立つポイントが書いてある。

 ワンポイント
上達のヒントや特に意識してほしいポイントを解説している。注目してみてね。

 NGポイント
これはやっちゃダメ！ということが書いてある。必ず守ろう。

 もっと知ろう！
さらに知っておきたい、BMXレースの豆知識が書いてある。

監修
渡辺浩嗣先生
特に大切なことをアドバイスしています。必ず読んでください。

 BMXの歴史やルールについて興味を持ったら、自分でもう一度詳しく調べてみよう。

保護者の方へ
大人の方の手助けや注意が必要な項目があります。お読みください。

Part 1

BMXレースって どういうもの?

BMXってどんなスポーツでしょうか? どんな楽しみ方があるのでしょうか? まずは、競技としての歴史やルールを勉強していきましょう。

1 BMXレースのいいところ

楽しみながら心と体を成長させられるスポーツ

小さい頃から長く続けられる！

BMXレースは、自転車を使った競技の中で、一番小さい時期からはじめられる種目。レースに出場できるのは5歳からだけど、体の大きささえ合えば、3歳、4歳でもBMXに乗ることができる。プロのライダーとして活躍している選手の中にも、小さい頃から乗り続けているという選手が多い。

レース用のBMXは、サイズが豊富。バイクもパーツも子ども用のものがそろっているので、小さいうちから自分の体に合ったサイズのバイクでテクニックを身につけて楽しめる。

ぼくにもぴったり！

楽しみながらバランス感覚や運動神経を養える！

「運動は苦手」という人も、BMXに乗っているうちに、自然と運動神経をきたえることができる。転ばないようにバランスをとったり、速く走るために勢いをつけたりしていくうちに、バランス感覚を養える。特別なトレーニングをしなくても、楽しみながら体が覚えていく。

Part 1 BMXレースってどういうもの？

BMXレースには、たくさんのいいところがある。「カッコいい！」「楽しい！」のはもちろん、続けていくことによって、心も体もきたえることができるスポーツだ。

失敗から立ち直る強い心や集中力がつく！

技をうまく決められずに転んでも、繰り返し練習すれば、必ずできるようになる。「できるようになりたい！」という気持ちで、失敗から立ち直る力もつく。

さらには、レースに参加していくうちに、本番で力を発揮するための集中力も磨かれる。BMXレースで得た力は、ほかのさまざまな場面でも役立つはずだ。

普段出会えない仲間が増える！

BMXレースをやっていると、学校では出会えない友達と知り合うことができる。年齢や住んでいるところが違っても、BMXを通じて、すぐに仲よくなれる。ライバルとしても、たくさんの刺激をもらうことができるだろう。

コースにはおとうさん、おかあさんと来ている人が多いので、家族同士で仲よくなることもよくある。仲間がいれば、みんなで練習できる。

子どもだけでなく、年上のライダーもBMX仲間。上手な人を見かけたら、テクニックを教えてもらおう。

ぼくたちも、BMXレースで仲よくなりました！

2 一般の自転車とBMXの違い

街で乗る自転車とはまったく別の乗り物！

調べてみよう

〈レース用のBMX〉

サドル
低く、前上がりにセットされる。座ることが少ないために小さく、クッションもない。

ハンドル
ジャンプの衝撃にも耐えられるように補強されていて、グリップ部分は水平。ブレーキレバーは片側にしかない。

カゴ
荷物を運ぶことはないので、カゴはついていない。

ブレーキ
ブレーキは後輪にしかついていない。車体が軽量なので利きやすい。

泥よけ
前輪・後輪とも、泥よけはついていない。

スタンド
スタンドはついていない。

フレーム
アルミやカーボン、クロモリという素材でできていて軽い。

タイヤ
直径はやや小さめの20インチで、幅は5センチ前後が主流。軽量につくられている。

Part 1 BMXレースってどういうもの？

BMXは、自転車の一種だけど、家のまわりで乗るような自転車とは違うところが、たくさんある。あくまでもレースのための自転車ということを覚えておこう。

〈普通の自転車〉

ハンドル
握りやすいように角度がついている。左右にブレーキレバーがついている。

カゴ
荷物を入れるカゴがついている。

ブレーキ
前後の車輪にそれぞれついている。

サドル
疲れにくいようにクッションが入っている。

泥よけ
前後のタイヤに泥よけがついている。

スタンド
自立するためのスタンドがついている。

フレーム
スチールやアルミでできている。

BMXは移動用じゃない！
レース用のBMXは前輪にブレーキがついていないため、公園や友達の家に遊びに行くときなどに乗ると危ない。

15

3 BMXはこんなスポーツ

BMXを使ったスポーツの2種目がオリンピックの正式種目に

はじまりはオートバイのモトクロスレース

BMXの正式な名前は「バイシクルモトクロス」。1970年代、オートバイのモトクロスに憧れたアメリカの子どもたちが、土の上で自転車に乗って走り回ったり、ジャンプしたりしたのがはじまりといわれている。もともとは、子どもの遊びから生まれた競技なのだ。

BMXを使った競技は大きく分けてふたつ

BMXを使った競技には、大きく分けて「レース」と「フリースタイル」がある。「フリースタイル」は、演技をする場所やスタイルによって、さらに4つに分かれる。詳しくは22ページのコラムで解説しているが、自分でも調べてみよう。この本では「BMXレース」を紹介する。

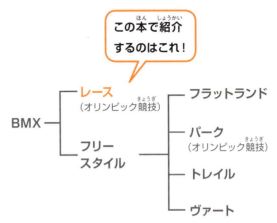

この本で紹介するのはこれ！

BMX ─┬─ レース（オリンピック競技）
　　　└─ フリースタイル ─┬─ フラットランド
　　　　　　　　　　　　　├─ パーク（オリンピック競技）
　　　　　　　　　　　　　├─ トレイル
　　　　　　　　　　　　　└─ ヴァート

BMXと呼ばれるスポーツには、いくつかの種類がある。大きく分けると「BMXレース」と「フリースタイル」のふたつ。どんな違いがあるんだろう？

Part 1 BMXレースってどういうもの？

2008年からBMXレースがオリンピック正式種目に採用

BMXレースは、2008年に開催された北京オリンピックから、正式種目に採用された。世界中から集まった男子32人、女子16人の選手が実力を競い、日本からはアジア唯一の選手として阪本章史選手が出場した。

ロンドンオリンピック
写真：AP／アフロ

東京オリンピックではフリースタイルも楽しめる

そして、2020年の東京オリンピックでは、フリースタイルの中の「パーク」も正式種目に。日本人では、中学生でプロ転向を果たした2002年生まれの中村輪夢選手のメダル獲得が期待されている。BMXは、世界でも注目のスポーツとなっていて、ますます盛り上がりを見せている。

写真提供：共同通信社

中村輪夢選手

4 どんなコースを走るの？

デコボコやカーブが続く専用のオフロードコース

コース

ルール
　最大8人のライダーがスタートヒルという坂の上から同時にスタートし、コブやカーブといったコースセクション（障害物）を素早く越えながらゴールを目指す。ゴールまでのタイムではなく、着順を競う。追い抜いたり追い抜かされたりの駆け引きがあるけど、スタートからゴールまではわずか30～40秒と、アッという間だ。

Part 1 BMXレースってどういうもの？

BMXレースは、土でできているオフロードコースで行われる。全長300〜400メートルのコースの中に、ジャンプやバームと呼ばれる小さな山やカーブがつくられている。

〈コースセクション〉

❶ スタートヒル

高さ2.5メートルから8メートルの坂。頂上にスタートゲート（板）がついている。

❺ バーム

外側が高く内側が低い、傾斜がついているコーナー。

❷ シングルジャンプ

コースセクションの基本形となる、ひとつのコブ。

❻ テーブルトップ

上り坂と下り坂の間に平らな部分がある、横から見ると台形状のセクション。

❸ ステップアップ

高さが違うふたつのコブで、階段のような段差がつくられたセクション。

❼ リズムセクション

小さなコブが連続するセクション。ゴール直前にあることが多い。

❹ ダブルジャンプ

ふたつのコブが連続するセクション。コブの間にある溝をジャンプして越えることもできる。

ジャンプするのか走り抜けるのか、コースによって、さまざまな攻略法がある。

19

写真提供：共同通信社

BMXフリースタイル

　16ページで紹介した「BMXフリースタイル」は、競技のスタイルによって、次の4種類に分かれています。
●フラットランド…舗装された平らな地面で、車輪の左右に取りつけた金具に乗り、バランスをとりながら技を繰り出す。
●パーク…パークという専用の施設にあるジャンプ台を使い、ジャンプの高さと空中での技や動きを競う。
●トレイル…土のコースのコブを使って連続してジャンプし、空中で技を披露する競技。ダートジャンプとも呼ばれる。
●ヴァート…巨大なハーフパイプ（U字型の台）を往復した勢いで上空へ飛び出し、空中で技を繰り出す競技。

Part 2

BMXに乗る前に

BMXレースがどんなスポーツかわかったら、BMXに乗るための準備をはじめましょう。バイクやウエアのほかにも、必要なものがあります。

5 BMXの選び方

自分の身長に合った BMXを選ぼう

BMXは、サイズ展開が豊富。子どもでも乗れるバイクがあるので、身長に合ったサイズのものを選ぼう。体に合っていないと、上達しにくいだけでなく、ケガの原因にもなる。

身長別サイズチャート（下の表は目安。そのほかに大人用のサイズもある）

サイズ	対応身長	タイヤサイズ	トップチューブ長
マイクロミニ	100〜120センチ	18 × 1-1/8 インチ	16.25〜16.75 インチ
		20 × 1-1/8 インチ	
ミニ	115〜135センチ	20 × 1-1/8 インチ	17.25〜18 インチ
ジュニア	130〜140センチ	20 × 1-3/8 インチ	18.25〜18.75 インチ
エキスパート	140〜155センチ	20 × 1-3/8 インチ	19〜19.75 インチ
エキスパートXL	152〜158センチ	20 × 1.5 インチ	19.75〜20.25 インチ

ルック車に気をつけよう！

見た目はBMXに似ているけれど、レース用ではない自転車（ルック車）がある。これではレースには出られないので注意しよう。ルック車は速く走ることができないし、強度不足だから、オフロードコースを走ると危ない。知識がないときは専門店に相談しよう。

ルック車の見分け方
- サドルにクッションが入っている。
- 前カゴがついている。
- 泥よけがついている。
- 前輪にブレーキがついている。
- スタンドがついている。

レース用でもクッション入りサドルがついたものや、前ブレーキがつけられるものもある。

Part 2 BMXに乗る前に

6 BMXの各部名称

パーツの名前を覚えよう

BMXバイクの各部名称

　BMXバイクの一番の特徴は軽さだ。誰よりも速く走って最初にゴールするために、少しでも軽くなる工夫がされている。パーツは、レースに必要最低限のものしか装備していない。

Part 2 BMXに乗る前に

BMXを乗りこなすためには、バイクのことを知る必要がある。普段乗っている自転車とは違う部分もあるので、点検やメンテナンスのためにも、パーツの名前を覚えよう。

ハンドル
グリップはタイヤに対して直角。ハンドルバーはレース用に補強されている。

ステム
ハンドルとフロントフォークをつなぐ部分。レース用に軽量化されている。

フロントフォーク
フレームと前輪をつなぐパーツ。鉄製のほかに、アルミやカーボン素材のフォークがある。

フレーム
アルミやクロモリの合金製、カーボン素材製などがあり、軽量なものが使われる。

サドル
全身を動かしやすいように低くセットする。

ブレーキ
一般的には、後輪のブレーキレバーが、右側の片方だけについている。

ハブ
車輪の中央で、スポークと車体をつなぐパーツ。リヤ用とフロント用がある。

タイヤ
車輪のゴムの部分。表面に凹凸があるブロックタイヤあるいは凹凸がないスリックタイヤを使う。

リム
車輪の金属製の輪の部分。ニップルとスポークによって、ハブと接続される。

スポーク
車輪の中の細い骨組みの部分。リムとハブによって、長さが異なる。

スプロケット
後輪にとりつけるギア板。チェーンの動きをタイヤに伝える。コグとも呼ばれる。

チェーン
ペダルの踏み込みによって生まれた力を後輪に伝える重要なパーツ。

チェーンリング
クランク側についているギア板。歯の数により、こいだときの感触が異なる。

クランク
ペダルと車体をつなぐパーツ。身長の10分の1から9分の1の長さが適している。

ペダル
靴とペダルを金具で固定するビンディングペダルもあるが、それは、中学生以上の上級者向き。

7 点検のやり方

乗る前には点検をしっかりやろう

❶ ハンドルまわり

ハンドルの動きに違和感はないか？
タイヤを固定した状態でハンドルを左右に揺らしたときに、ガタつきがないか、スムーズに回るかをチェックする。

エンドキャップはきちんとついているか？
ハンドルの端のエンドキャップがとれていると、失格になってしまう。ちゃんとついているかを確認する。

❷ ペダル・チェーン

チェーンはゆるんでいないか？
チェーンの中ほどを指で押し上げたときに、1センチ以上動くようならゆるんでいる。

ペダル部分にガタつきはないか？
クランクとペダルがしっかりと固定されているかを軽く揺らして確認する。

BMXレースを安全に楽しむためには、毎回の点検が欠かせない。パーツのゆるみやガタつきは転倒やケガの原因になるので、乗る前に必ず大人と一緒にバイクのチェックをしよう。

❸ タイヤ

タイヤの空気圧は正常か？

タイヤに十分な空気が入っているかを空気入れのゲージで確認する。適正な空気量は、タイヤの側面に書いてある。

❹ ブレーキ

ブレーキシューは正しくついているか？

タイヤに対して平行についているか、隙間が左右均等かをチェックする。

ブレーキレバーは正しく動くか？

ブレーキレバーを握ったときの感触と、ブレーキの動作を確認する。

❺ 全体のチェック

落としてみて、おかしな音がしないか？

最後に、バイクを20センチくらい持ち上げて軽く落としてみる。ゆるんでいるパーツがあれば、異音がするはずだ。フレームとハブを固定するネジがゆるんでいないかもチェックしよう。

保護者の方へ 乗る前の点検は、お子様と一緒に行ってください。

8　メンテナンスのやり方

乗ったあとのクリーニングを習慣化しよう

日ごろのメンテナンス

　日ごろのメンテナンスは、拭き掃除が基本になる。フレームを傷つけない柔らかい布で乾拭きし、汚れを落とす。落ちにくい場合は、水拭きでもOK。特に、コースで練習した日やレースのあとは、土汚れがつきやすい。フレームやフロントフォークだけでなく、ブレーキまわりやチェーンの細かい部分も拭いておこう。このとき、隙間に小石がはさまっていないか、部品が曲がっていないか、亀裂がないかなどのチェックも、同時にできる。

BMXに長く乗り続けるには、日ごろのメンテナンスが大切だ。土やホコリがついたままにしておくと、汚れが落ちにくくなるので、乗ったその日に掃除する習慣をつけよう。

汚れが目立つときは

汚れが目立ち、拭き掃除だけではきれいにならないときは、バイクを水洗いする。水をかけながら、タイヤの溝やペダルまわりの部品など、細かいところの汚れを洗車用のブラシで落としていく。ただし、チェーンに水をかけた場合は、水分を拭きとってから、市販のチェーンオイルを差しておく。

パーツクリーナーでのクリーニング

チェーンやブレーキなどの掃除には、市販のパーツクリーナーを使ってももちろんOK。バイクを扱っている自転車ショップで販売している。スプレータイプのものは直接吹きかけるのではなく、布にしみこませて使う。

洗剤が目に入らないように気をつけてね!

保護者の方へ 作業中に、指をはさんでケガをする可能性があります。そばで見守ってあげてください。

9 必要なもの

身を守るためのウエアや必要な工具をそろえよう

ヘルメット
アゴまでおおうフルフェイスヘルメットが主流。BMX用の軽量なものもある。

コース以外での練習用ならハーフヘルメットでもOK。

パンツ
肌の露出がない長ズボンが基本。厚みがあって伸び縮みする、動きやすいモトクロスパンツもある。

ニープロテクター
足にケガをしやすいので、ヒザとスネを守るプロテクターをつける。

ウエア
季節にかかわらず、長袖を着用する。腕まわりを動かしやすいものがおすすめ。専用のジャージを着てもいい。

ウエアの下にプロテクターを着ることもある。

エルボープロテクター
転んだときにヒジを守るためのプロテクター。

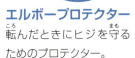

グローブ
指先までおおうタイプを使う。

シューズ
底が平らで足首を動かしやすい、ローカットのものが使いやすい。

Part 2 BMXに乗る前に

BMXレースをはじめるためには、バイクのほかに必要なアイテムがある。転倒したときに身を守るためのウエアやプロテクター、バイクをメンテナンスする工具をそろえよう。

空気入れ

空気圧がわかるゲージつきのものがおすすめ。タイヤチューブのバルブ(空気入れ口)の形に合わせて用意する必要がある。

フレンチバルブ

アメリカンバルブ

ペダルレンチ

ペダルをつけ外しするための工具。ペダルとクランクの隙間に入るように、薄くつくられている。

アーレンキー (六角棒スパナ)

六角形の穴つきネジを固定するための工具。太さが違う数本がセットになっている。

タイヤレバー

ホイールからタイヤを外すときに使う。いろいろな形状があるが、普通、2本または3本のセットで売っている。

スパナ

ネジを締めたり、ゆるめたりする。先が開いているものとわっか状のものがある。

ワイヤーカッター

ブレーキワイヤーをカットするときに使う。ロックがついていると安全。

好みに合わせてカスタマイズ

　はじめてのBMXの場合は完成車を買うのが一番ですが、慣れてきたら、パーツを交換してカスタマイズしてみましょう。ハンドルやホイール、チェーンなど、一つひとつのパーツが、ショップで販売されています。「こんなふうに走りたい！」というイメージや気になるパーツがあれば、ショップの店員さんに相談してみましょう。より速く走れるようになりますし、BMXレースのことがもっと好きになるでしょう。

Part 3

BMXに乗ってみよう!

準備が整ったら、いよいよライディングです。基本が大切なので、たとえ時間がかかっても、一つひとつ確実に覚えましょう。はじめは怖いかもしれませんが、すぐに楽しくなります。

10 運動前後のストレッチ①

全身の筋肉を使うBMXは運動前後のストレッチが大切

運動前は「動的ストレッチ」

運動前は「動的ストレッチ」がおすすめ。動的ストレッチは、足や腕を大きく動かして体を温めながら、全身の筋肉をほぐしていくもの。体がスムーズに動くようになり、ケガの防止や運動の上達につながる。

最初は、軽く体を温めよう

ストレッチだからといって、急に体を動かすとケガをしてしまう。まずは、軽く体を温めよう。

①2分間のジョギング
自分のペースを守って走ることが大切。

②その場でジャンプ
縄跳びの両足跳びのように、その場でジャンプ。

① ②

運動前のストレッチ-1
前ももを伸ばす

①足を閉じ、おなかに力を入れて真っすぐ立つ。
②足首を後ろでつかむ。つかんだときに体が前に倒れないように注意しよう。

運動の前とあとでは、ストレッチの目的が違う。運動前は体を動かしやすくするために行い、運動後は体を休めるために行う。ここでは、運動の前とあとのストレッチを紹介する。

Part 3　BMXに乗ってみよう！

運動前のストレッチ-2
裏ももとおしりを伸ばす

①足を閉じ、おなかに力を入れて真っすぐ立つ。
②ヒザを前で抱える。反対の足は、なるべく真っすぐ伸ばす。
③抱えたヒザを上に持ち上げる。後ろに倒れないように、バランスを保とう。

つま先を上げる

運動前のストレッチ-3
ふくらはぎを伸ばす

両手を耳の後ろで真上に伸ばし、かかとで歩く。
バランスを保つコツは、背中を丸めないで胸をはること。

11 運動前後のストレッチ②

運動前はダイナミックに動き、運動後は体をゆっくり伸ばそう

運動前のストレッチ-4
股関節を開く

両足を大きく開き、おしりを真下に落とす。ヒザとつま先は、外側に向ける。体が前かがみにならないように注意する。

運動前のストレッチ-5
肩をほぐす

最初は小さく回し、少しずつ大きく腕を回していく。腕のつけ根が動いていることを意識する。

運動前のストレッチ-6
背中を伸ばす

①腕を伸ばし、手の甲を合わせて肩の高さまで上げる。
②腕をひねりながら、後ろに引いて脇をしめる。肩甲骨が動いていることを意識しよう。

Part 3 BMXに乗ってみよう！

ストレッチは、体をただ動かすのではなく、伸ばしているところが「伸びている」と感じることが大切だ。がんばりすぎて息を止めないように、リラックスしながらやってみよう。

運動後は「静的ストレッチ」

ゆっくりと筋肉を伸ばす「静的ストレッチ」は、疲労した筋肉を早く回復させることができる。じっくり伸ばすためにも、同じ体勢を30秒はキープしよう。

運動後のストレッチ-1
肩を伸ばす

片方の腕を伸ばして胸に引き寄せ、もう片方の腕で抱える。抱えた腕を引き寄せると、肩が伸びる。

運動後のストレッチ-2
下半身を伸ばす

両足を前後に大きく開く。足やおしりが伸びていることを意識しよう。

運動後のストレッチ-3
背中・腰・足を伸ばす

背中を丸め、足の裏を合わせて座る。自分のおへそをのぞき込むようにすると、背中と腰がよく伸びる。

運動後のストレッチ-4
裏ももを伸ばす

両足を前後に軽く開き、上半身を前に倒す。前足のつま先を上げることで、裏ももがしっかり伸びる。

12 基本のライディングフォーム①

スタンディングの姿勢が基本

乗車姿勢

腰の位置が決まったら、体を前に倒す。背中は丸めたり、反らしたりしない。真っすぐの状態から、足のつけ根を曲げるイメージだ。

サドルに座った状態から立ち上がり、左右のペダルへ体重を均等に乗せる。腰は少し後ろに引く。

進行方向の少し遠くを見る。自転車は目で見ている方向に進むため、目線が下がると、フラフラしてしまう。

ヒザは少し曲げる。

ライディングを上達させるためには、正しいフォームを覚えることが大切。最初は、おとうさんやおかあさんなどに自転車を支えてもらい、止まった状態で練習してみよう。

手首の角度

手首を曲げずに、グリップを握る。握るときは、力を入れすぎずにリラックスしよう。

手首が手の甲側に曲がってしまうと、正しいバイクコントロールができなくなる。

グリップを握る位置

外側　　　内側

グリップは、左右同じ場所を握ること。外側を握ると、より大きな力をハンドルに伝えることができる。内側を握ると、バイクを振りやすくなるが、押さえ込む力を出しにくい。

左右違う場所を握ると、ハンドルにかける力が不均等になり、バイクをコントロールしにくい。

ペダルを踏む位置

親指のつけ根の下あたりで踏む。この部分で踏むと、足の力がペダルに伝わりやすい。

ここで踏む

土踏まずやかかとで踏むと、力が、ペダルに伝わりにくい。

13 基本のライディングフォーム②

立ったままペダルをこいで走る

スムーズな立ちこぎは、頭の上下の位置がほとんどブレない

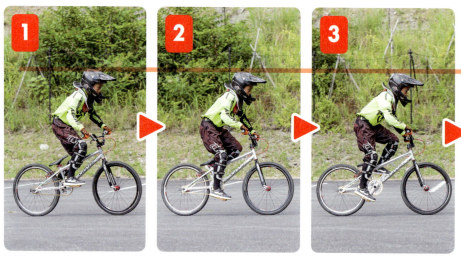

前傾の姿勢から、ペダルに体重を乗せて踏み込んでいく。体の位置はバイクの中心に保ち、体が前に倒れすぎたり、腰が後ろに引けすぎたりしないようにしよう。頭は、上下しないように意識する。

バイクを左右交互に倒し、リズミカルにこいでみよう。このとき、バイクと一緒に頭と体が倒れることがないように、体の軸が常に真っすぐであることを心がける。

前から見ると体の軸が真っすぐになっている

右に倒す　左に倒す

基本のスタンディングの姿勢と同様に、ペダリングも立ったままで行う。頭や体の位置を意識しながらこぐことがポイントだ。コースへ行く前に、まずは平らな場所で練習しよう。

Part 3 BMXに乗ってみよう！

バイクの中心に乗らないと、効率が悪い

体が前に倒れる

ハンドルを引くことができず、ペダルに伝わる力が少なくなってしまう。

腰が後ろに引ける

バイクコントロールが安定しないため、スムーズにペダルを回すことができない。

これはダメだよ！

14 基本のライディングフォーム③

ペダリングは足を引き上げて「回す」ことを意識しよう

こぎ足をスムーズに回転させることが大切

ペダリングは、踏み込み動作と引き上げ動作の繰り返し。踏み込んだ足を下まで踏み抜いてしまうと、スムーズに回転させることができなくなる。ポイントは、踏み抜く前にペダルを引き上げて回すこと。ペダルを「こぐ=回す」と覚えよう。

時計の4時の位置から円を描くように足を引き上げる

「回す意識」を持つだけでなく、落ちていく足をどこで引き上げるかがポイントになる。時計の短針でいうと、4時のあたりが、引き上げるタイミング。この位置から引き上げると、勢いがついた足を踏み抜くことなく自然に回せる。

4時がベスト!

足の角度 NG!
かかとは下げない。

6時では遅い!
一番下まで下がると、カクンと足が引っかかってしまう。

OK!
後ろに円を描くイメージで回してみよう。

NG!
下に向かう意識だと、踏み抜いてしまう。

Part 3 BMXに乗ってみよう！

一気にゴールまで駆け抜けるBMXレースは、ペダリングを効率よく行う必要がある。力まかせにペダルをこぐペダリングでは疲れてしまう。基本となる動きをしっかりと覚えよう。

スムーズなペダリングは体の軸がブレない

必要以上に力んでしまうと、体の中心がブレ、スムーズなペダリングができなくなってしまう。目線は、進む方向をしっかりとらえた上で、やや遠めに置くと、体の中心が安定する。

15　バイク上での重心移動①

前方と後方に重心を移動させる

前方に重心を移動

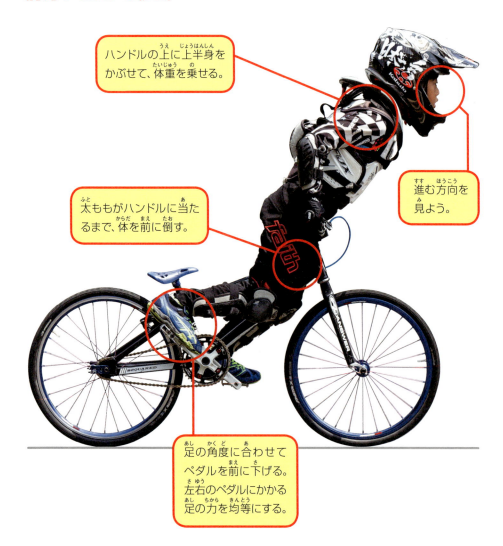

ハンドルの上に上半身をかぶせて、体重を乗せる。

進む方向を見よう。

太ももがハンドルに当たるまで、体を前に倒す。

足の角度に合わせてペダルを前に下げる。
左右のペダルにかかる足の力を均等にする。

「重心」とは、物体のバランスを保つ場所のこと。BMXでは、不安定なバイク上で自由自在に体を動かすバランス感覚が重要だ。ここでは、前後への重心移動の練習を紹介する。

Part 3 BMXに乗ってみよう！

後方に重心を移動

進む方向を見よう。

ハンドルにぶら下がるイメージで、腕を真っすぐ伸ばす。グリップは手が外れない程度に軽く握る。

腰を後ろに引く。太ももの筋肉を使ってペダルを押し出し、下半身でバイクを安定させる。

ペダルを少し前に上げる。左右のペダルにかかる足の力を均等にする。

16 バイク上での重心移動②

重心を上下に移動させ、左右にバイクを倒しながら進む

体を伸ばした状態からかがむ、上下の重心移動

前後の重心をセンターに保ったまま、バイクに乗る。

かがむ動きにより、ジャンプの着地時に、地面からバイクに伝わってくる衝撃を効果的に吸収することができる。この動きをしっかり覚えないと、着地のときにヒザに負担がかかり、ケガの原因にもなる。

これは特に重要な動きだよ！

おしりがサドルに当たることはあっても、座ることはない。

ヒジとヒザを深く曲げ、体を下に移動させる。

Part 3 BMXに乗ってみよう！

前後の重心移動を覚えたら、次に、上下の重心移動とバイクを倒しながら走る練習をしよう。バイク上でどんな動きでもできるようになれば、ライディング技術の上達につながる。

体を真っすぐに保ち、バイクを倒しながら乗る

> 頭の位置は前輪の上。進む方向をしっかり見る。

> バイクが倒れないように、ハンドルに指を何本かそえて支える。指に引っかけるイメージだ。

> **気をつけよう!**
> 五本指でグリップをしっかり握ると、腕に力が入り、体が横に傾いてしまう。転倒にもつながる。

> バイクを倒す方向とは逆側のペダルを下にし、全体重をかける。

> バイクを倒す方向の足には体重をかけず、そえるだけ。

51

17 スラローム①

ためをつくって加速するタイミングをうかがう

1 スタート

ゆっくりスタート。最初は体が高い位置にある。

ワンポイント
最初は目印にカラーコーンを置いて練習してみてもいい。コーンの間隔を広くしておくと練習しやすい。

Part 3 BMXに乗ってみよう！

スラロームは、バイクを左右に振ってペダルをこがずに進む技。適切なポイントで加重することによって加速する。細かい動きの連続だが、タイミングを確かめながらやってみよう。

2 曲がりはじめる動作をスタートさせる

ヒジとヒザを少しずつ曲げ、両足へ体重をかけはじめる。

3 ためをつくる

コーナリングの一番深く曲がるポイントで、反対方向に切り替えるタイミングの際に体を縮め、加速するためをつくる。

もっと知ろう！
バイクを左右に振る不安定な動きだからこそ、バイクをより自由自在にコントロールできるようになる。

18 スラローム②

加速しながら、反動によってバイクの進行方向を切り替える

4 体重をかけるタイミングを待つ

バイクが起き上がりはじめるポイント。ここではまだ体が傾いていて体重をかけることができないので、タイミングを待つ。

5 一気に体重をかける

ここが加速ポイント！

曲げていたヒジとヒザを伸ばし、ハンドルとペダルから前後輪へ一気に体重をかける。

ワンポイント
バイクが左右に動いて不安定だけど、体の軸は中心を保ち、目線は進む方向に置く。

体重を乗せるタイミングを確認し、バイクを押して加速しながら、進行方向を切り替える。腕の力でハンドルを切らないように、注意してやってみよう。

6 再びヒジとヒザを曲げ、ためをつくる

53ページからの動きを繰り返すことで、どんどん加速していく。ハンドルを切りすぎると、前輪の回転が止まってすべってしまうので、必ずバイク全体を傾けて曲がることを意識しよう。

 NGポイント
手でハンドルを切って曲がるのはダメ。全身を使って体重移動させないと、バイクの方向は変わらない。

19 平地でのコーナリング

半円を描くように
コーナーを曲がってみよう

コーナーに入る手前で、ペダリングを止める。

コーナーの中間で内側に入れるように、外側ラインから入る。

ペダルの外足を下げて体重をかけ、バイクを倒しはじめる。上体は前に移す。

こぎ出しの準備をはじめる。重心は前のままキープ。

外足を踏んでバイクを押し出しながら、伸び上がるイメージで加速。

内側の足に体重をかけ、ペダルをこぎ出してコーナーを抜ける。

NGポイント
タイヤが傾いている間は不安定ですべりやすいので、曲がっている最中にブレーキをかけないようにする。

タイヤのグリップを確保しながら曲がる技術を身につければ、自由自在なラインどりが可能になる。ポイントは、外足にかける体重のバランスと常に行きたい方向に目線を置くことだ。

Part 3 BMXに乗ってみよう！

4

外足にさらに体重をかけ、バイクを倒す。外側のヒジを上げると曲がりやすい。

5

外足に最大限の体重をかける。タイヤのグリップを感じながら、バイクをより倒す。

5の動きから、目線はコーナーの出口へ向ける

自転車は見ている方向へ自然に進んでいくので、コーナーの出口に目線を向けること。前輪や、すぐ先を見ないように注意しよう。

57

20 マニュアル①

体重移動の反動で前輪を上げる

1 重心を前に移動させる

走り出してスピードに乗ったら、ペダリングを止める。上半身を前に倒し、重心が前に移動したところで、ためをつくる。

クランクは水平にする。ペダルが水平から前傾するとともに、前足を少し下げる。

2 重心を後ろに移動させる

上半身を一気に後方へ移動させることで、重心を後ろに移動させる。前にある足は蹴り出す準備をしよう。

マニュアルは、前輪を上げた状態からペダリングをしないで走る技。腕の力でハンドルを引き上げて前輪を上げるのはNG。体を後方に移動させた力を使って上げる。

Part 3 BMXに乗ってみよう！

3 後輪を前に押し出す

腕はハンドルにぶら下げ、体を後ろに預ける。前にある足は進行方向に蹴り出し、浮いてくる前輪に対して後輪を前に押し出す。

4 前輪を上げる

重心移動の反動を使って腰を斜め下方向へ下げ、前輪をさらに上げる。

ワンポイント
ハンドルにぶら下がる動きとペダルを前に蹴り出すタイミングが合うと、前輪が自然に上がってくる。

NGポイント
腕の力で無理にハンドルを引っ張り上げると、勢いで後ろに転倒してしまうので危険。

21 マニュアル②

前輪をピークの高さまで上げ、そのままキープして進んでみよう

5 前輪をできる限りの高さまで上げる

腕をしっかり伸ばすことで前輪を上げられる。ハンドルにぶら下がる感覚でやってみよう。

ヒザをしっかり伸ばし、ペダルを押し込むように蹴りきる。

バランスを保ってこがずにキープして進もう

重心が後方にしっかり移動していれば、おしりは後輪よりも後ろにくる。

全体重を後ろに移動させて足を蹴りきることで、前輪が、限界の高さまで上がる。前輪が上がりすぎたら腰を前に、下がりすぎたら腰を後ろに移動させ、バランスを保とう。

Part 3 BMXに乗ってみよう！

6 前輪を落とす姿勢に入る

伸ばした腕を少し曲げ、おしりの位置を高くもどす。重心が前に移り、前輪が落ちていく。

7 着地

前輪が地面に着地するのと同時にヒジを曲げ、地面からの衝撃を吸収する。

もっと知ろう！
バランスがとれなくなってしまったら、ペダルから足を離して地面に着地し、転倒を防ごう。

NGポイント
マニュアルで、ペダルをこいで進むのはNG。重心が前に移動してしまい、バランスがとれない。

22 リアホイールリフト

後輪を上げるテクニックに挑戦してみよう

1 ためをつくる

軽く助走をつけてから、ペダリングを止める。ヒジとヒザを曲げ、ためをつくる。

2 伸び上がる

伸び上がりはじめると同時に、ハンドルに少し体重をかけ、体を前にもっていく。

3 重心を前に移動させる

体を前に倒し、重心を前に移動させる。足はペダルに押しつける。

前輪を上げられるようになったら、次は後輪を上げてみよう。ポイントは、足でペダルを引き上げることだ。少し難しいが、繰り返し練習することで、コツをつかむことができる。

Part 3 BMXに乗ってみよう！

4 ペダルを足で引っかけて後輪を上げる

ハンドルに上半身をかぶせる。全体重を前にかけることで、後輪にかかる力が減少する。

ペダルを足で引っかけることで、後輪が上がる。つま先を下に向け、ペダルを足でつかむ感覚で後ろに押しつけると、うまくいく。

5 重心を後ろに移動させる

上半身を後ろにもどすことで、後輪が下がっていく。

6 着地

後輪が地面に着地するのと同時にヒザを曲げ、地面からの衝撃を吸収する。

もっと知ろう！
後輪が上がるにつれてヒザを曲げる量を増やすと、後輪が、さらに高く上がっていく。

もっと知ろう！
マニュアル（58ページ）と組み合わせることで、低速での段差越えを行うことができる。

23 ホッピング

前輪と後輪を連動させ、同時に飛び上がる

1 しゃがむ

低速走行の状態からしゃがみ込み、飛び上がるためをつくる。

2 伸び上がる

ヒジとヒザのバネを使い、バイクの上でジャンプする感覚で一気に上へ伸び上がる。

3 前後輪を上げる

前輪はハンドルを握っているので、自然に浮き上がる。後輪はリアホイールリフト（62ページ）の要領で上げる。

 ワンポイント
上下の重心移動（50ページ）を素早く行うのがコツ。

マニュアルとリアホイールリフトの応用となるテクニック。前輪は、比較的簡単に上げられる。後輪を上げるポイントは、伸び上がった体と連動させてペダルをすくい上げることだ。

4 ピーク

伸び上がった体と連動させ、後輪を引き上げる。

ハンドルは腕で引き上げるが、力まかせではなく、伸び上がった全身についてくるイメージで。

5 着地の体勢に入る

地面からの衝撃を逃がすためにリラックスしよう。

6 着地

ヒジとヒザをしっかり曲げ、前後輪同時に着地する。

 NGポイント
腕の力で引き上げる間違ったフォームを覚えてしまうと、肩や背中を痛める原因にもなる。

 もっと知ろう!
このテクニックを覚えると、バニーホップ(66ページ)を覚える際に役立つ。

24 バニーホップ①

前輪を高く上げる基本動作からマスターしよう

1 重心を前に移動させる

重心を前に移動させ、前輪を浮かせるためをつくる。

2 重心を一気に後方に移動させる

重心を前から後ろに移動させる。ここまではマニュアル（58ページ）のおさらいだ。

3 前輪を上げる

伸び上がりながら、上半身を前方に移動させる。前輪はそのまま上げ続け、ハンドルを手前に引きつけていく。

 NGポイント
ためが長すぎると反動をつけられず、前輪を高く上げられない。

バニーホップは、前輪と後輪を上げ、より高く飛び上がるテクニック。ホッピングと似ているが、前輪と後輪を上げるタイミングが違う。まずは、前輪を上げるフォームから覚えよう。

Part 3 BMXに乗ってみよう！

4 ピーク

ここで1秒キープ

5 着地

ペダルにしっかり乗る。着地と同時にヒジとヒザを曲げ、地面からの衝撃を吸収する。

太ももにハンドルがあたるイメージで、腕をしっかり引きつける。

ペダルには、体重を均等にかける。バランスを保つために、体重をペダルにしっかりかける。

ワンポイント
最初は、前輪が高く上がらなくてもかまわない。上半身を前に移動させて前輪を上げることが大事。

25 バニーホップ②

リアホイールも上げ、高く飛び上がる

1 前輪を高く上げたところからスタート

66ページからの動きをおさらいし、前輪を一番高いところまで上げる。

2 足にペダルを引きつけ、後輪を上げる

地面の反発も利用しながら、ペダルをすくい上げて後輪を上げる。ペダルを引き上げる動きは、リアホイールリフト（62ページ）やホッピング（64ページ）と同じ。

 ワンポイント
最初は、前後輪を地面から数センチだけ浮かせる練習をしてみよう。動きをきちんと覚えれば、コースでも応用できる。

Part 3 BMXに乗ってみよう！

前輪を高く上げる練習をしたら、次は後輪も上げ、さらに高く飛び上がってみよう。このテクニックを覚えれば、バイクコントロールも上達し、いろいろな場面で応用できる。

3 ピーク

後輪が上がってきたら、ハンドルを前方に押すことで、後輪がより高く上がる。

足でペダルをすくい上げると同時にヒザを曲げることで、後輪がさらに高く上がる。

ペダルと足のグリップを使い、後輪をすくい上げる。

4 着地の体勢に入る

着地寸前にハンドルを手前に引いて後輪から着地するか、あるいは前後輪同時に着地する。

5 着地

着地と同時にヒジとヒザを曲げ、地面からの衝撃を吸収する。

NGポイント

平地での前輪からの着地は、衝撃が大きく危険。ハンドル操作がブレると、バランスが崩れ、転倒してしまうこともある。前後輪同時か、後輪から着地するようにしよう。

26 コースに行けないときの練習

BMX専用公園や自転車OKの場所でルールを守って練習しよう

オフロード自転車専用の公園

オフロード自転車専用の公園なら、まわりを気にせずに思いっきり走ることができる。コースはもちろん、アスファルトの広場に人工的につくられたセクション(障害物)が設置されている公園もあるので、さまざまな練習ができる。

ゴンゾーパーク(三重県桑名市)　ゴンゾーパーク　ゴリラ公園(埼玉県川口市)

ルールとマナーを守って楽しもう

❶ プロテクターをつけよう
ケガを防止するだけではない。実際のレースと同じ条件で練習することが大切になる。

❷ ゆずり合って走ろう
ひとつの場所を占領したり、セクションに並んでいる人を追い抜いたりするのはやめよう。

❸ 逆走は危険
正面からぶつかると、自分も相手もケガをしてしまう。走行中の自転車の前を横切るのも危険だ。

❹ ゴミは各自で持ち帰ろう
ゴミは持ち帰るか、決められた場所に捨てよう。ゴミ問題は、公園の利用禁止にもつながるので守ろう。

練習場所としてはレース場を利用することができるが、ここでは、それが近くにない場合の練習場所や練習方法を紹介する。まわりの迷惑にならないように練習しよう。

自転車走行OKの公園や大きな広場

おすすめの練習は自転車相撲

自転車走行ができる公園や広場を利用するのもおすすめ。ただし、オフロード自転車専用の公園ではない場合、ジャンプ練習やスピードを出す練習は危険。まわりの人に迷惑がかからないように、注意して練習しよう。

カラーコーンなどでつくった囲みの中で、自転車をぶつけ合う。地面に足がつくか、囲みから出たほうが負け。

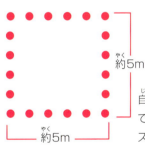

約5m
約5m
自転車7台分で行う場合のスペース。

バイクコントロールに大切な、バランス感覚をきたえよう

板状のポーズ
腕立てふせの姿勢から、ヒジを床についてキープ。

片足ポーズ
片足を後ろで持ち、そのままキープ。

家の中でも練習できるよ!

Part 3
BMXに乗ってみよう!

コースメンテナンスは全員で！

　BMXのコースは土でできているため、走ったあとはもちろん、雨や風によっても、形が変わってしまいます。コブの形が崩れると、スピードがつきにくいだけでなく、バランスを失って転倒する危険性が高まります。また、コース内に落ちている石も、転倒の原因に。レースを安全に楽しむためには、日常的なメンテナンスが必要です。レースや練習が終わったら、スコップで土を盛る、コートブラシで表面を整える、落ちている石を拾うなどのコースメンテナンスを、管理している人の指導を受けながらみんなで協力して行いましょう。

Part 4

コースでの
ライディング

BMXの基本(きほん)をマスターしたら、いよいよコースへ出(で)るときです。デコボコがスタートからゴールまであるコースを駆(か)け抜(ぬ)けるための、さまざまなテクニックを紹介(しょうかい)します。

27 スタートフォーム

勝負の8割はスタートで決まる！

両足をペダルに乗せる
スタンディング・スタート

スタートヒルには、スイッチ操作によって倒れる金属板（スタートゲート）が設置されている。このゲートに前輪を押しつけ、両足をペダルに乗せた「スタンディング・スタート」の姿勢で合図を待つ。ヒザは軽く曲げ、腰はサドルよりもやや後ろに引く。重心は前に置き、視線は前へ向け、スタートに備える。

コースに対し、バイクと体を真っすぐ構える。スタート位置に白線がある場合は、白線と水平になるように。

スタートランプは、レースの際には左右か片側に設置されている。左右にある場合は、見やすいほうに、意識を集中させる。

 ワンポイント
スタンディング・スタートができない人は、最初は片足を地面についた状態からスタートしてもOK。

 ワンポイント
レースでは、スタート前に選手紹介が行われることもある。スタート直前まで、楽な姿勢で待っていよう。

スタートは、レースの勝敗の8割が決まるといわれるほど重要なセクション。タイミングを合わせ、勢いをつけて速くスタートするために、まずは正しい姿勢を覚えよう。

Part 4 コースでのライディング

タイヤ
タイヤは、ゲートに対して垂直にセットする。体重をかけ、ゲートに押しつける。

ハンドル
走り出す瞬間に十分に力が入るように、グリップを握っておく。

クランク
先に踏み込む足（利き足）を前にする。クランクがチェーンステイもしくはスタートヒルと平行になるようにする。ペダル上の足は、かかとが下がらないように置く。

もっと知ろう！
スタートのタイミングはランプを見るのがベスト。目線が横に向いてバランスをとりにくい場合は、音を聞いて合わせてもいい。

28 スタートゲート

タイミングを合わせ、勢いよくスタートしよう！

1 スタンディング・スタートの姿勢。アナウンスのあとに、シグナル音が鳴り、シグナルが青になると同時に、ゲートが倒れる。

2 ゲートが倒れる直前にハンドルを腰に引きつけて、タイヤをゲートから離し、ペダルを強く踏み込む。

もっと知ろう！

アナウンスは、英語で"OK Riders random Start（ランダムにスタートする）"、"Riders ready watch the gate（ゲートに注目）"といっている。アナウンスが終わってからスタートまでの時間は、0.1〜2.7秒の間で一定ではない。

スタートで最も大切なのはタイミング。ゲートが倒れる瞬間を見極めてバイクをコントロールし、一気にスタートヒルを駆け抜けよう。

Part 4
コースでのライディング

ゲートが倒れきるのと同時に、前輪に体重をかける。

全力でペダルをこぎ、スタートダッシュする。

 NGポイント
ゲートが倒れる瞬間に、タイヤがゲートについたままだったり、ぶつかったりすると、バランスを崩す。

 ワンポイント
スタートのタイミングが多少ずれてしまっても、あきらめずに全力でペダルをこぐ。

29　ベタナメ

基本のフォームを崩さず、
コブに対して真っすぐ入る

ベタナメは、タイヤを地面から離さずに進む走り方。小走り程度のスピードで、基本のフォームを崩さず、自然な動きでコブを乗り越える。手や足の動きは、バイクの動きに合わせる。ハンドルは、意識して真っすぐ保つ。

 NGポイント
コブに対して斜めに入ると、転倒の原因になったり、リズムを崩したりする。

 ワンポイント
手や足に力を入れすぎずに、リラックスして越える。

コブをクリアするのに最も基本的な越え方がベタナメだ。坂の上り面をフロントサイド、下り面をバックサイドという。基本のフォームでコブを越える感覚をつかもう。

Part 4 コースでのライディング

小走り程度のスピードで、コブに対して真っすぐ入る。

両足を同じ高さにそろえ、進んできた勢いのまま、タイヤを地面から離さずに進む。

頂上に向かうと同時に重心を下げ、腕とヒザを曲げて突き上げの衝撃を吸収する。

コブの頂点を通過するときに、腕とヒザが最も曲がった状態になる。

後輪が下り面に差しかかるのに合わせてヒザを伸ばし、体重をかけることで加速する。

最初のフォームに素早くもどり、次のコブやペダリングに備える。

30 パンプ① フロントサイド

ペダルをこがずに
バイクを押して加速する

十分に助走をつけ、ヒザを伸ばした状態でコブに進入する。

前輪が斜面に差しかかるあたりで腕の力を抜き、ハンドルを受け止める。

ワンポイント

斜面に入ってから体を動かしても、間に合わない。最初は、少し早めに動いてタイミングを合わせよう。

ペダルをこがなくても、バイクにかかる体重をコントロールすることで、加速できる。パンプをマスターすると、コブを素早く越えられるようになる。

Part 4 コースでのライディング

後輪が斜面に差しかかるのに合わせ、ヒザを曲げる。

頭が前輪の上に、肩はハンドルの上に来るように、姿勢をやや前に傾ける。

NGポイント
腰が引けていると重心が後ろにかかり、前輪が浮いてしまう。

31 パンプ② バックサイド

タイヤを地面に押しつけ、ヒザの動きを使って加速する

コブの頂点を越えたときに、前輪と後輪が地面から浮かないように意識する。

前輪が下り面の半分あたりを通過するのに合わせ、腕を伸ばす。上半身の姿勢はキープ。

ワンポイント
ブランコをこぐときのイメージでヒザを曲げ伸ばしし、勢いをつける。

Part 4 コースでのライディング

コブを越えたら、斜面の下り面を利用して体重移動し、足でタイヤを押し込むようにして加速する。ヒザと腕の使い方がポイント。タイミングをつかむまで、繰り返し練習しよう。

後輪がコブの頂点をすぎたら、両足のペダルに力をかけ、バイクを地面に押し込んで加速する。

姿勢をもどしながら進む。

 NGポイント
乗る位置が前や後ろすぎると、腕の伸び縮みによってバイクの動きを吸収することができなくなる。バイクの中心に乗ることを心がける。

32 ピックアップ①

体重移動で前輪を上げ、コブをクリアする

1 上半身を前に傾け、ためをつくる。

2 腰から上を後ろに移動させ、体重移動と同時に、足を蹴り出す準備をする。

ワンポイント
コブの高さまで前輪を上げることで、スムーズに越えられる。大きな力を必要とするので、小学校3〜4年生までは、できなくても問題ない。最初は、低いコブを見つけて練習しよう。

Part 4

コースでのライディング

58～61ページで学んだマニュアルのテクニックを応用。前輪を浮かせてコブに入ることで、斜面に跳ね返されずにスピードを保ったまま、コブを越えることができる。

3

ハンドルにぶら下がるようにして腕を伸ばす。足を蹴り出し、後輪を前に押し出す。

4

さらに腰を引いて前輪を上げ、後輪のみで斜面に入る。

ワンポイント
前輪を意識して視線が下がりがちだが、目線は進行方向の先へ向けることを心がける。

33 ピックアップ②

バックサイドに前輪を落とし、パンプで加速する

1 ハンドルを上半身に引きつけながら、前輪をできるだけ上げる。

2 前輪が頂点を越えたら、下り面に落とすために、上半身を前へ移動させる。

 NGポイント
前輪の高さが足りないと、斜面にぶつかった反動で跳ね飛ばされてしまう。

十分な高さまで前輪を上げたら、前輪と後輪でコブを「またぐ」ようなイメージで、バックサイドの下り面へ前輪を落とす。越えたあとの加速も大切だ。

前輪を押さえつけ、ヒザを曲げて、着地したときの突き上げの力を逃がす。

後輪が斜面を降りるのに合わせ、ヒザを伸ばしていく。

34 ロール①

前輪を浮かせたまま走り抜ける

1

前輪がコブの斜面に差しかかったら、ヒジとヒザを軽く曲げる。

2

重心を少しずつ後ろに移動させる。

ワンポイント

傾斜を使って前輪を上げ、コブを通過する。コブの頂点に合わせてヒザを曲げ、力を吸収することで、後輪を地面につけたまま走ることができる。

ロールとは、マニュアルの状態を数メートル持続させ、後輪のみで走るテクニック。次のコブまでスピードを保って走り抜けられれば、スピード感をさらにもち、コースを制覇できる。

Part 4 コースでのライディング

後輪が頂点を越えるあたりで、ヒジを伸ばし、ヒザは軽く曲げる。

斜面を降りるときは、後輪を地面に強く押しつけてバイクを加速させ、前輪をさらに引き上げる。

35 ロール②

ふたつ目のコブの下り面を狙い、前輪から着地する

1. コブとコブの間の一番低い位置で、上半身を高く持ち上げ、腕でハンドルを引き上げる。

2. 前輪がバックサイドの頂点を越えるのに合わせてヒザを曲げ、パンプする。

 ワンポイント
腕の力ではなく、体の動き全体でこのフォームになるように意識する。

 ワンポイント
視線は、前輪ではなく、コブのバックサイドに向ける。

コブのバックサイドの下り面を狙って着地。パンプ動作を行えば、さらに加速することができる。コブとコブの間の距離やバックサイドの角度をあらかじめ確認しておこう。

前輪が着地したら、反動で浮き上がらないように、しっかり押さえ込む。

姿勢をもどしながら進む。

NGポイント
次のセクションまであまり距離がない場合は、重心を後ろに傾けすぎないように。

36 ジャンプ①

前輪を浮かせ、勢いよくジャンプする

1 セクションに入る前に上半身を前に倒し、ための姿勢をしっかりつくる。

2 前輪が上がりはじめるのに合わせ、上半身を少しずつ上げる。

3 上半身だけでなく、ヒザも伸ばし、踏みきりの体勢に入っていく。

ワンポイント
傾斜だけを利用して飛んでいるように見えるが、実際には、踏みきりのタイミングで体を効果的に動かしている。こうすることで、さらに高く飛ぶことができ、飛距離を調整できる。最初は、小さくジャンプすることからはじめよう。

BMXの醍醐味であるジャンプにチャレンジ！ マスターすれば、テーブルトップやダブルジャンプといったセクションをさらに素早くクリアできる。

Part 4 コースでのライディング

4 前輪が浮いて後輪が斜面から出る直前に、バニーホップ（66ページ）の動きで踏みきる。

5 前後輪が両方浮いた状態。視線は、下ではなく、着地面に向ける。

6 さらに高く飛び上がっていく。怖がって力が入ると、バイクが横方向に傾いてしまうなどの危険性があるので、あくまでもリラックスすることが大切。

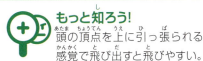

もっと知ろう！
頭の頂点を上に引っ張られる感覚で飛び出すと飛びやすい。

37 ジャンプ②

地面からの衝撃を吸収しながら着地する

バイクが空中に飛び出したら、太ももに寄せるようにハンドルを引き上げる。

前輪の高さが頂点に達したところで、後輪の高さを合わせていく。

前後の車輪が同じ高さになったときに、着地の準備をする。体はバイクの中心に。

ジャンプは、高く飛びすぎても、高さが足りなくても、うまくいかない。着地するときは、手足を曲げて地面からの衝撃を吸収し、バイクを安定させよう。

上半身を前に移すことで重心を移動させ、前輪を落としていく。

着地面の角度に合わせて前輪を下げたら、着地に備えて腰を引く。

着地の瞬間にヒジとヒザを柔らかく曲げ、地面からの衝撃を吸収する。

NGポイント
飛び上がったときの高さが足りなかったり、着地のときに怖がって重心を後ろにしたりすると、前輪から着地してしまう。不安定になって危険なので、後輪からの着地、あるいは前後輪同時の着地を意識して行おう。

38 バームでのコーナリング①

正しいフォームで傾斜を利用して加速する

バイクと体を一直線に
バームではバイクが内側に大きく傾くが、体もバイクに合わせて傾ける。バイクと体が一直線になったフォームをリーンウィズという。地面とバイク・体が垂直になるようなイメージ。

太ももをサドルにあててホールド
外側の足の太ももをサドルにあてて、姿勢を安定させる。

バームの出口に視線を向ける
バームの出口に視線を向けつつ、追い抜きのチャンスを狙うために、周囲の様子にも気を配ろう。

内側のペダルを上げ、外側のペダルを踏み込む
地面に引っかからないように、内側のペダルを上げる。外側のペダルを下げ、ぐっと踏み込む。

すり鉢状に傾斜がついているバーム（19ページ）は、BMXレース最大の見どころであり、ライバルを追い抜くチャンス。正しいフォームを覚え、スピードをさらにつけよう。

①▶③ 角度や幅を見極め、バームへ入る
大きくなだらかなバームなら、勢いをつけて入っても、スピードを落とすことなく走り抜けれる。角度が急で小さなバームに速いスピードで入ると、弾き飛ばされてしまう。

④▶⑥ 外側の足で踏ん張ってプッシュする
バイクと体が斜面に垂直になるように、姿勢を保つ。内側の肩を下げ、外側のヒジを上げる。地面にタイヤをグリップさせて外側の足を踏ん張り、進行方向にプッシュ。

⑦▶⑨ スピードが落ちる前にこぎ出す
バームの頂点をすぎると、勢いが弱まってスピードが落ちてくるので、その前にペダルをこぎ、推進力を保つ。次のセクションを意識し、トップスピードでバームを抜け出す。

39 バームでのコーナリング②

ラインどりのテクニックで勝負をかける

ふたつのコーナリングテクニック

バームでのラインどりには2種類ある。ひとつは、相手と同時にバームに進入した場合に、外側から回り込んで相手の前に出てラインをふさぐ「ロールオーバー」。もうひとつは、バーム進入時にインコース側から抜かれていった場合に、バームの中央でアウトコース側にふくらんだ相手の内側に入り、そのまま相手を外側に押し出す「ハイロー」だ。

ロールオーバー

ハイロー

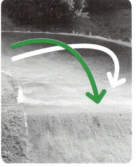

ハイローのラインどり

Part 4 コースでのライディング

レースでの駆け引きは、バームでインコースとアウトコースの位置を争う、ラインどりが決め手になる。実戦的なテクニックは、友達と練習するのが上達の近道だ。

バームの出口で相手のラインをおさえる

出口近くで内側に戻ろうとする相手にギリギリまで近づいてラインをふさぎ、そのままインコースをキープ。その後のレース展開を有利に運ぶことができる。

40 コブでのペダリング

ペダルをこいでコブを越える

1. ハンドルを左右に振る通常のペダリングのまま、コブに入っていく。

2. 前輪がコブに入るところで、ヒジを曲げはじめる。ハンドルを振る動きも止めないこと。

3. ヒジをさらに曲げ、バイクが上に上がろうとする力を吸収する。頭の高さを変えないようにする。

ワンポイント

ハンドルを振ってペダリングをしながら、ヒジとヒザの角度を調整する。低いコブなら、そのまま越えることができる。ポイントは、頭と腰の高さを変えずに、バイクの角度だけがコブの斜面に合わせて変わっていくようにすることだ。

パンプやロールをせずに、ペダルをこいでコブを越える方法もある。加速しながらコブを越えられるため、レースの実戦で役に立つテクニックとなる。

コースでのライディング Part 4

4
後輪が斜面に入ったら、ペダルをこぎながらヒザを曲げる。腰から下の位置でバイクだけが動く感覚。

5
前輪がコブを越えたら、ヒジを伸ばしていく。ヒザをさらに曲げてペダリングする。

6
前後輪がコブを越えたら、通常の姿勢にもどり、ペダリングを続ける。

もっと知ろう！
コブの頂点でペダルがぶつかる場合は、一瞬だけ、クランクを地面と平行に止めて通過する。

41 レースを想定した練習

レース本番を意識しながら練習することが大切

いろいろな位置から、スタートの練習をしてみよう

本番のレースでは、どのスタートレーンで走るかわからない。どのレーンからも、同じようにスタートが切れるように練習しておくことが大切だ。

バームでは、さまざまなラインどりの練習をしよう

相手を追い抜くチャンスのバームでは、ラインどりが重要。相手と同時にバームに入った場合、インもしくはアウトから入った場合など、いろいろなラインどりを練習しておこう。

Part 4 コースでのライディング

レースでは、相手がいるので思うように走ることができないときがある。どんな状況でも常に自分のライディングができるように、練習しておこう。

リズムセクションは、いろいろなテクニックでこなす

さまざまな形状のコブが続くリズムセクションは、こなし方で勝負が決まる。パンプ、ジャンプ、ロールなど、いろいろなこなし方を身につけよう。

もしも練習中にケガをしてしまったら

夢中になって練習していると、転んでケガをしてしまうこともあるだろう。痛みがひどいときは、無理をしないで練習をストップさせよう。

保護者の方へ

激しく転倒したときは、痛みがすぐにおさまったとしても、あとから症状が出てくる場合があります。大事をとり、医師の診察を受けさせましょう。

コースのルールを守りましょう

　BMXのコースでは、たくさんのライダーが練習しています。お互いが、気持ちよく、安全に走れるように、以下のルールを必ず守りましょう。
- ●コース内でむやみに立ち止まらない
- ●コースを逆走しない
- ●コースをむやみに横切らない
- ●コースの造形を勝手に変えない
- ●コースに穴をあけてしまったら埋める
- ●雨やコースがぬかるんでいる場合は乗らない

Part 5

レースに出てみよう!

BMXの基本的な走り方をマスターできたでしょうか? ここからは、レースに実際に出るための方法や、観戦する際の見どころを紹介していきます。一人前のライダーになるまで、あと少しです!

42 レースに参加するためには？

全日本BMX連盟（JBMXF）とレースの種類を紹介 調べてみよう

全日本BMX連盟（JBMXF）って？

©Kenichi INOMATA

　全日本BMX連盟（JBMXF）は、BMX競技の発展と青少年の育成を目的に、1984年に設立された団体。もとは、全国各地に分かれて活動を行っていた全国BMX協会（NBA）、日本BMX協会（JBA）、関西BMX競技連盟（KBU）が世界選手権参加をスローガンに掲げ、組織やルールを一本化する活動により、ひとつの組織となった。2014年に一般社団法人化。幼児から取り組めるBMXを自転車競技の入り口として、加えてスポーツタレント発掘の入り口としても位置づけ、さらなる普及と競技の発展を目指し、活動を続けている。

Part 5 レースに出てみよう！

全国各地で行われているレースは、主に全日本BMX連盟（JBMXF）がとりまとめている。まずは、どんな大会が行われているのかをホームページで調べ、エントリーしてみよう。

日本国内では、どんな大会が行われているの？

国内での大会は大きく分けて3つあり、年齢やレベルによって細かくクラス分けがされている。レースの結果はポイントとして反映され、クラスごとに年間ランキングが決まる。同じ順位でも、クラスによってもらえるポイントが違う。経験を積み重ね、いろいろなレースに出てみよう。

● ローカルシリーズ戦-J2シリーズ
（各地で年間で各3戦程度）
その近隣地域の選手が集まるシリーズ戦。初心者でも比較的走りやすいレースとなっている。

● ジャパンシリーズ戦-J1シリーズ
（年間で全5～6戦程度）
東日本と西日本に分かれて行われるシリーズ戦。全国のライダーが集まり、シリーズチャンピオンを目指す。

● 全日本BMX選手権大会（年1回）
公益財団法人 日本自転車競技連盟（JCF）が主催する日本最大のレース。シリーズ戦で上位の成績を残したライダーが集まり、熱戦を繰り広げる。

> 公式ホームページで大会を調べてみよう
> https://www.jbmxf.org/

いつかは世界へ！BMX世界選手権大会

目指せ世界一！
©Kenichi INOMATA

世界中の自転車競技を統括する国際自転車競技連合（UCI）が主催する大会で、世界トップクラスのライダーが集まる。BMXライダーにとって、最も大きなレースだ。日本国内の大会で好成績を残すことで、日本代表として世界選手権の参加メンバーに選ばれる。年齢別クラスでは、日本人ライダーの世界チャンピオンが何人も誕生している。

43 レース会場での楽しみ方

レースの仕組みと楽しむためのポイントを紹介

試合はどうやって進むの？

基本となる試合の流れは、予選からはじまり、参加人数によって準々決勝、準決勝、決勝へと進む。予選は、各組8人の同じメンバーが3回走行し、順位を争う。その順位によって勝ち抜いた上位数名が、次のステージへと進出する（試合のルールは18ページを確認）。

©Kenichi INOMATA

モトシートを見よう

会場に貼り出されるモトシートは、自分の出番や走るコース、レース結果の順位などを確認するためのものだ。参加人数が多い大会は、レース数も多いので、自分の出番を把握しておく必要がある。もしも決められた時間に遅れると、失格になる。

- ナンバー
- 組分け
- 走る順番
- 走るコース
- レースの順位がポイントになる（例：2位は2ポイント）
- 3回戦分のポイントを足した合計数
- トータルポイントが少ない人が勝ち

予選第1組　レース順：2・8・10　（上位4名が準決勝へ進む）

No.	名前	コース			順位			トータル	ランキング
		1回戦	2回戦	3回戦	1回戦	2回戦	3回戦		
①	○○○○	④	3	2	②+	②+	①	=⑤	①
2	○○○○	3	2	1	3	3	2	8	3

（モトシートの例）

Part 5 レースに出てみよう！

いよいよレース本番。だけど、はじめてのレースだと、わからないことがたくさん。ここでは、レースの仕組みや会場での楽しみ方などを紹介する。

観戦も楽しい！ レースのここが見どころ

©Kenichi INOMATA

スタート
「鬼こぎ」で駆け抜けるライダーたちが繰り広げる、ラインどり合戦が見どころ。

©Kenichi INOMATA

リズムセクション
コブの連続をベタナメで越えるのか、それともジャンプで越えるのかなど、テクニックの競い合いになる。最終ストレートでも、逆転劇がある。

©Kenichi INOMATA

第1バーム
相手を追い抜く重要なポイント。ときには、ライダー同士がぶつかり合うスリリングな場面も！

あると便利
折りたたみチェアやテーブルがあると、休憩するときや食事をとるときなどに便利だ。

©Coleman Japan

知っておこう！
● 会場についたら、まずは受付をしよう。参加者が多いと混んでしまうので、時間に余裕をもって会場入りしたい。

● 連盟に加入すると、ナンバープレートがもらえる。プレートを忘れると、レースに参加できなくなるので注意。大会会場で配布されることもある。

113

44 レース場の紹介①

金谷山公園 上越市BMX場
（新潟県）

所在地：新潟県上越市大字大貫698-1

> 下っていくコースデザインで、後半部分でもスピードが上がる。高速でセクションをこなしていく体力が求められる。

Part 5 レースに出てみよう！

日本のスキー発祥の地である金谷山にあり、元世界チャンピオンが監修した本格的なコース。豊かな自然の中にありながら整備も行き届き、「世界一美しいコース」といわれている。

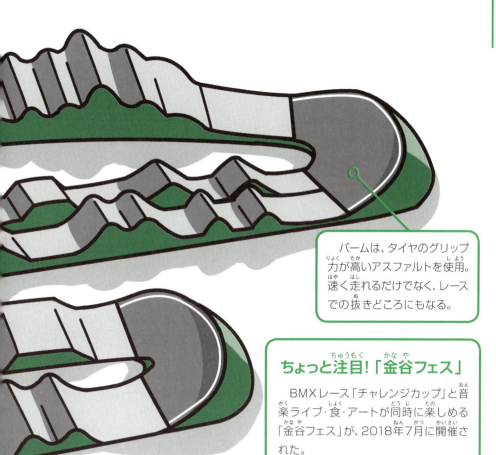

バームは、タイヤのグリップ力が高いアスファルトを使用。速く走れるだけでなく、レースでの抜きどころにもなる。

ちょっと注目！「金谷フェス」

BMXレース「チャレンジカップ」と音楽ライブ・食・アートが同時に楽しめる「金谷フェス」が、2018年7月に開催された。
BMXレース場の存在とBMXの楽しさをたくさんの人に知ってもらうために行われたイベント。これからも続けられる予定なので、夏の思い出に家族で参加してみるのもいいだろう。

45 レース場の紹介②

国営ひたち海浜公園
（茨城県）

所在地：茨城県ひたちなか市馬渡字大沼605-4

ホームページ：http://hitachikaihin.jp/

上級者向けコース

全日本選手権大会や国際大会も開催されるコース。5歳以上でBMXの競技経験があるか、公園で開催されるBMXスクールの受講経験があるライダーが利用可能。

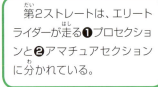

第2ストレートは、エリートライダーが走る❶プロセクションと❷アマチュアセクションに分かれている。

Part 5 レースに出てみよう！

国営ひたち海浜公園の中にあるコース。上級者向けのメイントラックと初級者向けのサブトラックの2コースがあるので、自分のレベルに合わせたコースを利用できる。

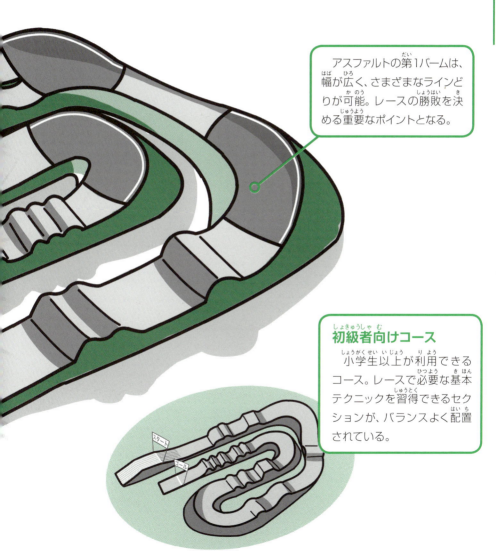

アスファルトの第1バームは、幅が広く、さまざまなラインどりが可能。レースの勝敗を決める重要なポイントとなる。

初級者向けコース
小学生以上が利用できるコース。レースで必要な基本テクニックを習得できるセクションが、バランスよく配置されている。

46 レース場の紹介③

秩父滝沢サイクルパーク（埼玉県）

所在地：埼玉県秩父市大滝2900-2 レイクビューハウス

ホームページ：https://chichibu-cyclepark.localinfo.jp/

タイム自動計測システムを導入

スタートゲートから設定された区間を1/1000秒までの正確なタイムで計測することができる。データを記録して、自分の限界に挑戦するのもよし！ライバルと競い合うのもよし！
（タイム自動計測システムの利用は、ゲート練習時やイベント、各大会など、特定された営業時での利用となります）

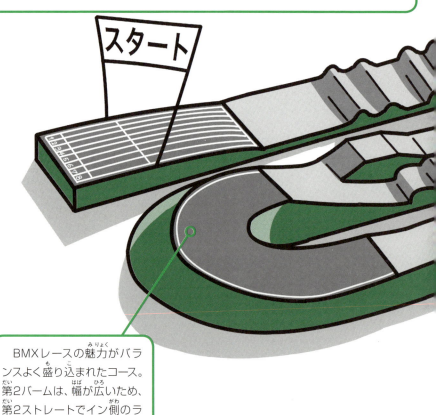

BMXレースの魅力がバランスよく盛り込まれたコース。第2バームは、幅が広いため、第2ストレートでイン側のラインを選ぶのがおすすめ。

Part 5 レースに出てみよう！

秩父の山々に囲まれ、自然との一体感を味わいながら走ることができるコース。公認のインストラクターがいて、初級者から中級者向けのスクールが開催されている。

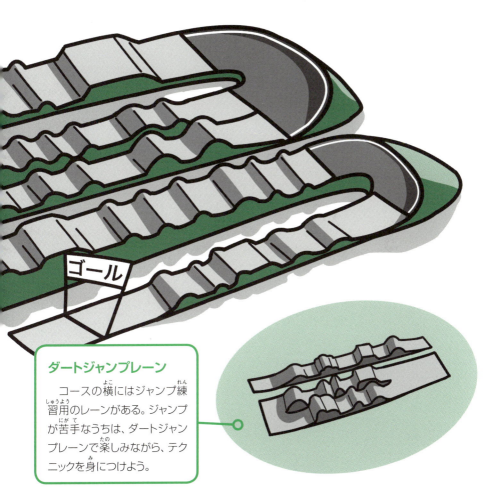

ゴール

ダートジャンプレーン
コースの横にはジャンプ練習用のレーンがある。ジャンプが苦手なうちは、ダートジャンプレーンで楽しみながら、テクニックを身につけよう。

47 レース場の紹介④

サイクルピア岸和田BMX
（大阪府）

所在地：大阪府岸和田市春木若松町22-38

ホームページ：http://chalionkun.com/bmx/

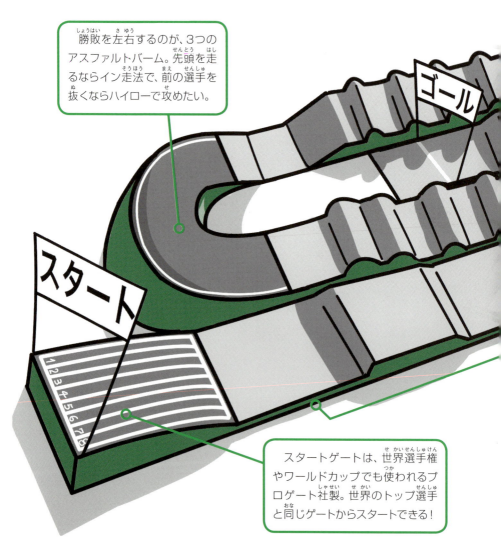

勝敗を左右するのが、3つのアスファルトバーム。先頭を走るならイン走法で、前の選手を抜くならハイローで攻めたい。

スタートゲートは、世界選手権やワールドカップでも使われるプロゲート社製。世界のトップ選手と同じゲートからスタートできる！

Part 5 レースに出てみよう！

BMXレースが2008年北京オリンピックで正式種目になったことをきっかけとし、岸和田競輪場のとなりにつくられた。大会をはじめ、走行会や教室など、イベントも充実している。

ナイター設備が完備されてる！

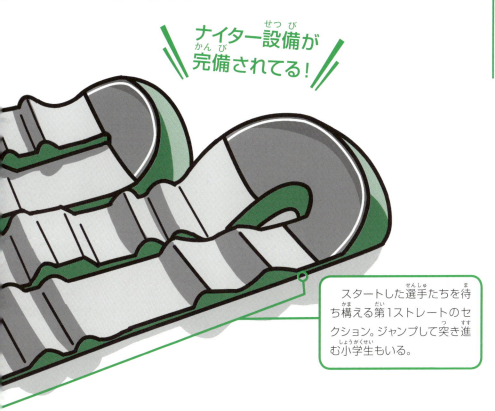

スタートした選手たちを待ち構える第1ストレートのセクション。ジャンプして突き進む小学生もいる。

クラブハウスがあって便利！

朝食・昼食が楽しめるカフェや、品ぞろえが豊富なサイクルショップ、シャワールームもあるロッカールームなど、充実したクラブハウスが併設されている。

48 レース場の紹介⑤
かさおか太陽の広場 BMXコース（岡山県）

所在地：岡山県笠岡市カブト東町13番地外

第3バームは、リスクを避けて無理をせずに走るのがポイント。次のリズムセクションで、前を走る選手と勝負しよう。

自然いっぱいの「かさおか太陽の広場」内にあり、西日本選手権などのビッグレースが行われる。休日でも比較的すいているため、初心者が練習する場所としてもおすすめ。

Part 5 レースに出てみよう！

第1バームは、出口にかけて下るめずらしいデザイン。斜面をうまく使い、ほかの選手の前に出よう！

スピードに乗って走り抜ける第2バーム。ここで減速すると、次のジャンプを飛べなくなる。スピードを維持して走ろう。

国内にはほかにもレース場がある！

■ 大泉緑地公園
サイクルどろんこ広場
BMXトラック（大阪府）

栗瀬裕太などのトップライダーを生み出した国内最古のBMXレーストラック。

■ 土師ダムBMXトラック（広島県）

自然いっぱいの中で、ライディングできる！

監修者とモデルの紹介

監修 渡辺浩嗣

1965年生まれ。一般社団法人 全日本BMX連盟代表理事で、公益財団法人日本自転車競技連盟 BMX小委員会委員長およびBMX強化ヘッドコーチを務める。1999年からBMXレースをはじめ、現在はBMXレースの普及とインストラクター・選手の強化に励む。

モデル 澤田脩平

BMXレース歴3年
「おとうさんの指導が厳しいけど、友達が増えて楽しい!」

モデル 古家凛音

BMXレース歴5年
「世界選手権大会で決勝に残ってダブルゼッケンを取りたい!」

おわりに

レースに出て、カッコよく走ってみたいと思いましたか？ コースをスムーズに走るために、基礎をしっかり身につけ、テクニックを少しずつ覚えていきましょう。はじめは、うまく乗れなくて当然です。何度も繰り返し練習することで、体の動かし方を理解し、いろいろなテクニックができるようになります。

レースでは、たくさんの友達との出会いがあるでしょう。一緒に練習して、ときにはライバルとして競い合うことで、楽しみながら上達することができます。練習と経験を積み重ね、みんなでたくさんのレースを楽しみましょう。

特別協力
公益財団法人 日本自転車競技連盟（JCF）

撮影協力
秩父滝沢サイクルパーク

五十音順さくいん

【あ行】

エンドキャップ(28ページ) ……………… ハンドルの両端についているキャップ。

【か行】

クランク(26ページ) ……………… ペダルと車体をつなぐ棒状のパーツ。
グリップ(14ページ) ……………… ハンドルの端の手で握る部分。
コーナー(56ページ) ……………… カーブしている曲がり角。
コブ(18ページ) ……………… コースの中の土が盛り上がっている部分。

【さ行】

サドル(14ページ) ……………… 座る部分。ただし、レース中は座らない。
シングルジャンプ(19ページ) ………… コブがひとつあるセクション。
スタートヒル(19ページ) ……………… コースのスタートがある高い場所。
スタンディング・スタート(76ページ) … 両足をペダルに乗せるスタートフォーム。
ステップアップ(19ページ) ………… コブが段差になっているセクション。
ステム(26ページ) ……………… ハンドルとフロントフォークをつなぐパーツ。
スプロケット(26ページ) ……………… 後輪に取りつけるギア板。
スポーク(26ページ) ……………… 車輪の中の細い骨組みの部分。
スタンディング(42ページ) ………… バイクに立って乗る基本姿勢。
スラローム(52ページ) ……………… バイクを左右に振って加速させるテクニック。

【た行】

ダブルジャンプ(19ページ) ………… ふたつのコブが連続するセクション。
チェーン(26ページ) ……………… ペダルの回転を後輪に伝えるパーツ。
チェーンリング(26ページ) ………… クランク側についているギア板。
チェーンステイ(77ページ) ………… 後輪につながるフレームの一部。
テーブルトップ(19ページ) ………… 途中が平らな、台形状のセクション。

言葉の意味がわからないときや、テクニックを復習したいときは、そのキーワードがはじめて登場するページにもどって確認しよう。

【は行】

バーム（19ページ）	コースの中のすり鉢状の傾斜がついたコーナー。
バニーホップ（66ページ）	前輪と後輪を上げて高く飛び上がるテクニック。
ハンドル（14ページ）	方向転換をするためのパーツ。
パンプ（82ページ）	体重移動で加速するテクニック。
ピックアップ（86ページ）	前輪を浮かせてコブを越えるテクニック。
フリースタイル（16ページ）	BMXを使った競技の一種。
ブレーキシュー（29ページ）	車輪の動きを止めるパーツ。
ブレーキレバー（27ページ）	ブレーキをかけるためのレバー。
フレーム（14ページ）	前後の車輪をつなぐ金属製やカーボンのパイプ。
フロントフォーク（26ページ）	フレームと前輪をつなぐパーツ。
ベタナメ（80ページ）	タイヤを浮かせずにコブを越える走り方。
ペダリング（46ページ）	ペダルをこぐこと。
ホッピング（64ページ）	前輪と後輪を同時に上げるテクニック。

【ま行】

マニュアル（58ページ）	前輪を上げてペダルをこがずに進むテクニック。
モトシート（112ページ）	レースの順番や順位などが書かれたシート。

【ら行】

リアホイールリフト（62ページ）	後輪を上げるテクニック。
リズムセクション（19ページ）	小さなコブが連続するセクション。
リム（26ページ）	車輪の金属製の輪の部分。
ルック車（25ページ）	レース用のBMXに似ている一般自転車。
ロール（90ページ）	前輪を浮かせたまま走るテクニック。

楽<たの>しみながら心<こころ>と体<からだ>をきたえる
カッコよく走<はし>ろう！
BMXレース

2018年11月22日　第1版第1刷発行

編　集　　株式会社<かぶしきがいしゃ>ベースボール・マガジン社<しゃ>
監<かん>　修<しゅう>　　渡辺浩嗣<わたなべひろつぐ>
発行人　　池田哲雄
発行所　　株式会社ベースボール・マガジン社
　　　　　〒103-8482 東京都中央区日本橋浜町2-61-9 TIE浜町ビル
　　　　　電話　03-5643-3930（販売部）
　　　　　　　　03-5643-3885（出版部）
　　　　　振替口座　00180-6-46620
　　　　　http://www.bbm-japan.com/
印刷・製本　大日本印刷株式会社

スタッフ

撮　影　　猪俣健一
編集統括　西垣成雄
制　作　　株式会社サンポスト（http://www.sunpost.co.jp）
デザイン　柳谷和志、キムコンニプ、小林由喜、扇原直子
イラスト　SoNo
編　集　　伊藤朝子、大貫翔子

© Hirotsugu Watanabe 2018

Printed in Japan
ISBN 978-4-583-11179-7 C2075

※定価はカバーに表示してあります。
※本書の文書、写真、図版の無断転載を禁じます。
※本書を無断で複製する行為（コピー、スキャン、デジタルデータ化など）は、私的使用のための複製など著作権法上の限られた例外を除き、禁じられています。業務上使用する目的で上記行為を行うことは、使用範囲が内部に限られる場合であっても私的使用には該当せず、違法です。また、私的使用に該当する場合であっても、代行業者等の第三者に依頼して上記行為を行うことは違法となります。
※落丁・乱丁が万一ございましたら、お取り替えいたします。